Romy Thiel

Manipulation durch Werbung - untersucht am Beispiel jüngerer Kinder

Romy Thiel

Manipulation durch Werbung - untersucht am Beispiel jüngerer Kinder

GRIN Verlag

Bibliografische Information der Deutschen Nationalbibliothek: Die Deutsche Bibliothek verzeichnet diese Publikation in der Deutschen Nationalbibliografie; detaillierte bibliografische Daten sind im Internet über http://dnb.d-nb.de/ abrufbar.

1. Auflage 2001
Copyright © 2001 GRIN Verlag GmbH
http://www.grin.com
Druck und Bindung: Books on Demand GmbH, Norderstedt Germany
ISBN 978-3-656-20257-8

Universität Potsdam (Institut für Pädagogik)

Datum: 04.09.2001
Seminararbeit als Prüfungsleistung in der erziehungswissenschaftlichen Ausbildung:

Manipulation durch Werbung – untersucht am Beispiel jüngerer Kinder

Wissenschaftliche Fragestellung:

Inwieweit werden Wünsche von Kindern im jüngeren Alter von der Fernsehwerbung beeinflusst?

Inhaltsverzeichnis:

0.) Einleitung

Von 1,2 Millionen Spots, die 1995 über den Bildschirm flimmerten, warben 40 Prozent für Kinderprodukte oder mit Kindern. Rund 350 Millionen DM , so schätzen Experten, ließ sich die Industrie allein 1995 die Kinderwerbung kosten. Diese Aussage stützt meine wissenschaftliche Fragestellung „Inwieweit werden Wünsche von Kindern im jüngeren Alter von der Fernsehwerbung beeinflusst?" Meine persönlich aufgestellt Hypothese lautet hierbei: „Kinder im jüngeren Alter sind stark von ihrem Umfeld, wie Freunde und Spielkameraden, in ihren Wünschen beeinflussbar. Die Werbung spielt hierbei eine entscheidende Rolle." Viele Kinder nehmen sich einen Freund als Vorbildfunktion, vertrauen diesem dann auch und wollen ihm imponieren. Z.B. sagt der Freund: „ Kennst du schon das neue Rennauto? Das ist cool!" Nächsten Tag bringt das betroffene Kind dieses neue Modell mit, um von seinem Freund Aufmerksamkeit zu bekommen und sich in der Gruppe Anerkennung zu holen. Der Freund bzw. die Gruppe kennt das neue Auto durch die Werbung. An diesem kurzen Exkurs in die Praxis, sieht man wie stark die Werbung die Kinder in ihren Wünschen und ihrem Verhalten beeinflusst. Sie wirkt besonders in der Gruppe. Die Marken und Produkte aus der Werbung sind Voraussetzungen für Gruppenzugehörigkeit und Persönlichkeitsfindung der Kinder. Wie gesagt, dass ist meine persönliche Hypothese, die auf Beobachtungen, persönliche Erfahrungen und Intuition beruht.

In der nun folgenden Arbeit möchte ich, anhand von persönlichen Untersuchungen mit Kindern einer dritten Klasse, die Hypothesen beweisen bzw. widerlegen. Dabei werde ich versuchen darzulegen, dass die Werbung bewusst die Kinder in ihren Wünschen und Bedürfnissen manipuliert.

Theoretische Vorüberlegungen und Fakten stehen am Beginn der Arbeit. Dabei werde ich besonders auf die Ziele und Merkmale von Werbung und speziell Kinderwerbung eingehen. Im zweiten Kapitel erläutere ich den Ablauf und die Ergebnisse meiner Untersuchungen in einer Grundschulklasse (3. Schuljahr) . Durch eine Untersuchung möchte ich speziell beweisen, dass die Wünsche der Kinder die typische Geschlechterrolle verteidigt (Mädchen wünsche sich Puppen, Jungen

wünschen sich Autos) und die Werbung daher auch geschlechtsspezifische Merkmale aufweist.

Im dritten Kapitel versuche ich einen Bezug zur Schule herzustellen. Wichtig ist mit hierbei aufzuzeigen, das die Werbung ein Unterrichtsthema ist, das nahezu in allen Fächern des grundlegenden Unterrichts aufgegriffen werden kann und sollte. Letztendlich werde ich meine Vorüberlegungen zu diesem Thema kritisch mit den Ergebnissen meiner Untersuchungen vergleichen und zu einem klarem Fazit kommen.

1.) Theoretische Vorüberlegungen

1.1. Was ist Werbung? - Ein Definitionsversuch

Der amerikanische Marketing-Theoretiker Philip Kotler beschreibt Werbung anhand seines Marketing-Mix-Models. Nach diesem Modell lässt sich Werbung als ein Zusammenspiel von Marketing, Produktpositionierung, Kommunikation und Marktforschung betrachten.

Marketing (engl.: Vermarktung) definiert Kotler als einen "Prozess im Wirtschafts- und Sozialgefüge, durch den Einzelpersonen und Gruppen ihre Bedürfnisse und Wünsche befriedigen, indem sie Produkte und andere Dinge von Wert erzeugen, anbieten und miteinander austauschen". In diesem Sinne entspricht Marketing und Werbung einem "kommerziellen Austauschprozess", welcher Kundenwünsche wecken und befriedigen soll.

Susanne Vieser erklärt den Zusammenhang zwischen Werbung und Marketing u.a. folgendermaßen: "Die Marketingabteilung eines Unternehmens motiviert intern die Verbesserung und Entwicklung von Produkten. Extern arbeitet sie eng mit Werbeagenturen zusammen und plant mit ihnen Kampagnen."

Produktpositionierung "...bedeutet das Bemühen, das richtige Produkt zum richtigen Preis der richtigen Zielgruppe am richtigen Ort zu offerieren." Von Relevanz hierbei

sind Qualität, Erscheinungsbild, Verpackung, Preis und natürlich die scharf umrissene Verbraucherzielgruppe.

Nach Kotler ist Kommunikation auf beeinflussende "Veränderung von Verhalten oder Einstellungen" ausgerichtet. Deshalb spricht man in diesem Kontext von einer interessengeleiteten und zweckrationalen Kommunikation. Die "persuasive *Kommunikation*" bringt Werbestrategien, Public Relations (Öffentlichkeitsarbeit) und Marktforschung mit sich. Im Bereich des Marketings "hat sie die Aufgabe, über Produkte und Leistungen zu informieren und zu bestimmten Handlungen anzuregen... Sie wird vom Auftraggeber stark gesteuert und soll die Zielgruppe zu für ihn nützlichen Handlungen veranlassen."

Auf den Punkt gebracht, lässt sich Werbung am einfachsten mit der Aussage von Charles Green, dem Erfinder der Fruchtzwerge beschreiben: "Werbung ist immer Gebrauchskommunikation, und man kann sie für viele Zwecke einsetzen".

Quelle:

Rainer Lange / J. Rainer Didszuweit, Kinder Werbung und Konsum, Jünger Verlag, Offenbach, 1997

Susanne Vieser, Slogans Spots und Strategien, Wilhelm Heyne Verlag, München, 1997

1.2. Werbewirkungen und -ziele

"Dass Werbung wirkt, ist sicher - niemand gibt viel Geld für Werbung aus, wenn er sie für unwirksam hält. Wie sie wirkt und wie diese Wirkung zu messen ist, darin liegt die Schwierigkeit. Die einzige messbare Größe ist die Umsatzentwicklung in zeitlicher Nähe zu der Werbekampagne" (1)

Inwieweit die Kampagne konkret auf die Kaufentscheidung einwirkt, ist wiederum fraglich.

Um aus diesem Dilemma heraus zu kommen, verläuft die Strategie dahingehend, dass gar nicht so sehr das direkte Verkaufen, sondern die Beeinflussung von Einstellungen im Vordergrund steht. Die Werbebotschaft lautet nun nicht mehr "Kauf mich", sondern "Konsum macht Spaß" sowie "Willst Du einer von uns sein?" Eine Marktnische soll besetzt und ein Markenbewusstsein soll geschaffen werden.

In diesem Sinne soll die Werbung bestimmte Funktionen erfüllen (exemplarische Auflistung)

Funktion der...

- Marktentwicklung (Interesse beim Verbraucher wecken)
- Homogenisierung von Bedürfnissen
- Einkaufserleichterung (Schaffung von Verbraucherinformation)
- Umsatzsteigerung
- Verbrauchernutzen (Wettbewerbstransparenz)
- Leistungsgarantie (Markenzeichen / Image)
- Stellungssicherung - Festigungswerbung (Marktsicherung)
- Appelle an die Vernunft (Animation zum rationalen Entscheidungsprozess)
- Vertrauensgewinnung

1.2.1 Fernsehspots für Kinder

"Die erste Wirkung, die die (Fernseh-)werbung hat und auch haben muss, ist die der Aufmerksamkeitserregung." (2) Um die Mechanismen von Fernsehwerbung und Wirkung besser verständlich zu machen, möchte ich kurz aufzeigen, mit welchen Mitteln Kind und Jugend orientierte Fernsehwerbung arbeitet.

So haben beispielsweise Untersuchungen zu Fernsehspots für Kinder ergeben, "dass Musikeinspielungen, Kinderstimmen, häufige Sprecherwechsel eine actionreiche Handlung mit häufigen Schnitten und visuellen Spezialeffekten Mittel sind, die kindliche Aufmerksamkeit zu erhöhen." (3) Demnach wirken Musik , Geräusche und hohe Stimmen, wie ein emotionaler Klangteppich und ziehen Kinder in den Bann.

Darüber hinaus spielen in Spots für Kinderprodukte überwiegend Kinder die Hauptrolle - So wird einerseits eine Identifikationsmöglichkeit geschaffen, andererseits erhöht sich damit die Aufmerksamkeit der Zielgruppe. Die Schnittfrequenz der Spots liegt zwischen 1 und 3 Sekunden bei einer Gesamtlänge von 20 - Sekunden. Oft werden Rollenklischees ins Gegenteil gekehrt; Kinder werden im Gegensatz zu ihren Eltern als kompetente, souverän handelnde Personen dargestellt. Stereotypen in Bezug auf die Geschlechterrollen werden dagegen selten aufgebrochen, wie z.b. bei Spots für Puppen und Konstruktionsspielzeugen. Die Werbung ist bemüht eine Verbindung zwischen dem Produkt und den Wünschen der Kinder herzustellen: "Es wird suggeriert, dass genau dieses Produkt Freundschaften stiften, Erlebnisse vermitteln und die Langeweile vertreiben kann." (4) So lautet die Aussage eines Werbeslogans: "Da kommt Action ins Haus"(Spielzeugauto - Spot), "sachliche Informationen zu den beworbenen Produkten fehlen fast immer". (5)

Ein weiteres Element zur Erhöhung der Aufmerksamkeit, ist die Machart der Spots. Sie gleichen kleinen Spielfilmen, die oft an Kinderserien angelehnt sind. Aber was soll das alles?

Kurz gesagt: "Werbung will die Kids zielgruppengerecht bedienen"(6), damit sie die Kinder für sich (das Produkt) gewinnt.

Deshalb noch mal zusammenfassend, Werbung für Kids setzt folgende Mittel für ihre Zwecke ein:

- sie bewirbt "kinderrelevante Produkte" wie Spielzeug, Süßigkeiten, Getränke
- sie arbeitet mit auffälligen und schnell zu erfassenden Kompositions-, Farb-, Schnitt- und Musikeffekten
- nutzt Cartoons, Comics, Animationsspots
- sie wiederholt einfache, gleiche Handlungsabläufe
- sie zeigt einen den Kindern vertrauten Familien- und Freizeitalltag, allerdings ohne Alltagskonflikte und Probleme
- sie präsentiert Kinderdarsteller als Identifikationsfiguren, die Erwachsenen überlegen sind (z.B. die Fähigkeit Zauberkräfte zu entwickeln)

8

All dies ist gepaart mit eingängigen Slogans und Jingles, "die...eine schnelle Wiedererkennbarkeit und die Eingängigkeit der Werbung sichern sollen." (7)

Quellen:

Bill Krüsmann, Kinder und Medien, Neue Deutsche Schule Verlagsgesellschaft mbH, Essen, 1998 (1)-(5) S. 32-34

Rainer Lange / J. Rainer Didszuweit, Kinder Werbung und Konsum, Jünger Verlag, Offenbach, 1997 (6) S. 47 (7) S.48

1.3. Was macht Kinder für Werbung so interessant?

Werbung wird immer häufiger und präziser auf Kinder zugeschnitten, aber warum gerade Kinder für die Werbeindustrie so interessant sind soll der folgende Aufsatz zeigen.

Das Kinder viel Zeit vor dem Fernsehen verbringen ist allseits bekannt, dabei sind TV-Sender wie RTL oder PRO 7 am beliebtesten. Das sind genau die Privatsender, die am meisten Werbung ausstrahlen. Ein Ausschnitt aus dem Programm des Privatsenders Pro 7 an einem Sonntagmorgen im August 2001 zwischen 7.45 und 11.00 Uhr. (Ich habe es persönlich verfolgt)

* Zeichentrickserie „Dennis" (25 Minuten)
* Werbeblock mit Spots für Kinder-Überraschung, Barbie, Smarties u.a. (etwa zwei Minuten)
* „Die Unendliche Geschichte" (22 Minuten)
* Werbeblock mit Spots für Ravensburger Spiele, Barbie, Kidders, K'nex (Technikspielzeug), Milky Way, Nintendo u.a. (etwa vier Minuten)
* „Inspektor Gadget" (22 Minuten)
* Werbeblocks mit Spots für McDonald's Junior-Tüte und Mini Barbie, Smarties, Benjamin-Blümchen-Videos, Milky Way, K'nex, Ravensburger Spiele u.a. (etwa vier Minuten)
* „Sylvester und Tweety" (25 Minuten)

- Werbeblocks mit Spots für Ravensburger Spiele, Milky Way, Nestle-Trio, Power Rangers Figuren, K'nex, McDonald's Junior-Tüte u.a. (etwa fünf Minuten)
- „Pinky und der Brain"
- Werbeblock mit Werbung für Actionspielzeug, Playstation u.a. (etwa drei Minuten)

Aus diesem Beispiel ist ersichtlich, dass in den knapp 2 Stunden Kindersendungen ca. 18 Minuten für Werbezwecke genutzt werden.

Dieser enorme Werbedruck beeinflusst die Kaufwünsche der Kinder, denn Fernsehwerbung dient Kindern als die Informationsquelle über die neuesten Marken und Produkte ist, die es zu besorgen gilt. Ihre Kaufwünsche sind also Werbegeprägt. Als Beispiel dafür gilt der folgende Ausschnitt :

"Auf sein Frühstücksbrot schmiert der Kleine grundsätzlich nur Nutella. Wenn ihm seine Mutter morgens Cornflakes anbietet, verlangt er Smacks von Kellog's, etwas anderes kommt ihm nicht auf den Teller. Bei Orangensaft bevorzugt er Punica, notfalls akzeptiert er auch Valensina, aber mit Kalzium. Die Zähne putzt er mit Blendax-Antibelag Junior-Star...." (Aus "Kinder Werbung und Konsum" Rainer Lange/ J. Rainer Didszuweit)

Dieser Ausschnitt zeigt, was Werbung bei Kindern erreichen möchte. Ein Markenbewusstsein, d.h. die Kinder sollen auf bestimmte Marken und Produkte fixiert werden. Ein Idealfall ist, wenn ein Produkt zum Synonym der Marke wird, wie z.B. Kinder bei Jeans sofort an Levi's oder bei Küchengewürz an Maggie denken. Längst haben Werbestrategen Kinder als die eigentlichen "Kaufentscheider" in den Familien entdeckt. Den Eltern wird nur noch die Rolle des "Besorgers" zugeschrieben.

D.h. die Werbeindustrie schreibt Kinder eigene Kompetenzen und Fähigkeiten zu.

Sie werden als Konsumenten ernst genommen.

In dem Buch von Rainer Lange/ J. Rainer Didszuweit werden Kinder als "SKIPPIES" bezeichnet :"School Kids With Income And Purchaising Power", d.h. Kinder mit eigenem Einkommen und Kaufkraft.

Diese Kaufkraft wurde nach dem Institut für Jugendforschung bei

- 7-15 Jährigen auf 13 Milliarden DM geschätzt
- 7-20 Jährigen auf 35 Milliarden DM geschätzt
- 14-21 Jährigen auf 33 Milliarden DM geschätzt

Auf dieses Geld möchte die Werbeindustrie natürlich nicht verzichten.

Aber Kinder entscheiden nicht nur über ihre eigene Einkäufe, sie werden auch immer mehr in die Kaufentscheidungen der Familien eingebunden.

Eltern verlassen sich auf ihre Kinder als "Innovationsmotoren" im Hinblick auf neue Produkte und Marken, weil Kinder meistens einen differenzierten Info-Stand haben (z.B. bei Computern oder allgemein bei Elektrogeräten)

1.4. Mit welchen Mitteln arbeitet Werbung?

Da Werbung nicht auf alle Altersstufen gleich wirkt, werden Kinder in der Werbeindustrie in drei Altersgruppen unterteilt, die mit unterschiedlichen Strategien beeinflusst werden sollen.

Bei Kindern bis zu 5 Jahren sollte Werbung durch Verkaufsförderung am Ort, z.B. in einem Supermarkt, stattfinden.

Bei den 6 bis 10 Jährigen sollte Werbung Action, Spaß und Abenteuer darstellen.

Bei den Jugendlichen bis 16 Jahren muss Werbung einfach "Cool", "In", "Up to date" sein, damit sie Anerkennung findet.

D.h. Werbung muss differenzieren nach Lebensphasen, Produktinteresse und nach der Wahrnehmungsentwicklung von Kindern.

95% der befragten Kinder laut einem Forschungsprojekt "Kinder und Werbung" kennen Werbung aus dem Fernsehen.

Anzumerken sei hier, dass Werbung, die eine laufende Sendung unterbricht, im Kinderprogramm verboten ist.

Die Antwort der Verantwortlichen Fernsehmacher war jedoch einfach. Die einzelnen Sendungen wurden verkürzt und Werbeblöcke zwischen die Sendungen gesetzt.

Wie Werbung im Fernsehen auf Kinder zugeschnitten wird zeigt der folgende Ausschnitt, indem es um die inhaltlichen wie ästhetischen Mitteln der Fernsehwerbung geht.

WERBUNG:

- bewirbt kinderrelevante Produkte (auch Comic Figuren aus vorhergegangener Zeichentrick Serie)
- nutzt Cartoons, Comic
- kurze, schnelle Spots mit auffälligen Farb- und Kompositionseffekten
- auffällige Musik- und Schnitteffekte
- Wiederholung der Werbung
- schnell zu erfassende Werbung
- Familienidylle oder Freizeitalltag ohne Konflikte oder Probleme
- Kinder selber Darsteller in Werbung => Identifikationsmöglichkeit
- werden oft cleverer und stärker als Erwachsene dargestellt (z.B. Klinsmann)
- Botschaft: "Wenn Du ... kaufst, dann steigt dein Ansehen, Prestige"

D.h. Werbung muss Spots haben, die stark visualisiert sind und die Botschaft konzentriert und verständlich zum Ausdruck bringen, um bei Kindern Interesse zu wecken.

1.5. Einstellungen von Kindern gegenüber Werbung:

Wie schon bemerkt wurde kennen die meisten Kinder Werbung aus dem Fernseher (95%)

Anhand des Forschungsprojekts "Kinder und Werbung" wurde ermittelt, dass 2/3 der Kinder Werbung als positiv empfinden, wobei die Beurteilung und Akzeptanz stark vom Alter, der Schulbildung, dem Wohnort und der Einstellung der Eltern gegenüber Werbung abhängt.

Dies bestätigt eine LFR-Untersuchung die ermittelt hat, dass Fernsehwerbung besonders von jüngeren Kindern gern gesehen wird. Dies liegt daran, dass die meisten Kinder Werbung zur Unterhaltung nutzen.

Ältere empfinden Werbung als störend. Sie schalten meistens ab, denn sie wissen, dass nicht alles stimmt was Werbung ihnen erzählen will. Sie haben bereits gewisse Produkterfahrung.

Laut dieser Studie denken Kinder: ".....mit zunehmendem Alter sinkt, zumindest nach Selbsteinschätzung, der direkte Einfluss von Werbung auf die eigenen Konsumwünsche" (Aus Bill Krüsmann "Kinder und Medien " 1.Auflage 1998 Essen)

Dies ist aber ein Widerspruch zur Wirklichkeit, da das Markenbewusstsein erst mit dem Alter mehr und mehr zunimmt. "Marken sind ein wichtiger Teil der Selbstinszenierung von Jugendlichen geworden"

"Marken sind bei Jugendlichen "in", wenn sie kreativ und innovativ auftreten, wenn sie eine gute Qualität im Sinne von Leistungsfähigkeit und Haltbarkeit bieten - und wenn dafür gute Werbung läuft."(Aus "Kinder Werbung und Konsum" Rainer Lange / J. Rainer Didszuweit)

13

2.) Untersuchungen zum Thema „Manipulation durch Werbung" in einer 3.Klasse

Die aufgewiesenen theoretischen Grundlagen möchte ich nun zur Hilfe nehmen, um meine wissenschaftliche Frage, anhand von Untersuch- ungen zu beantworten bzw. kritisch zu klären.

Hierzu bin ich in eine Hortgruppe von Kindern einer dritten Klasse gegangen. Während meiner Untersuchungen waren 12 Kinder im Alter von 8 bis 9 Jahren. Es waren sieben Mädchen und fünf Jungs als Probanden.

Das Ziel, dass ich mir setzte, war es zu beweisen, dass die Kinder durch Werbung in ihren Wünschen beeinflusst werden. Konkret, die Werbung manipuliert die Kinder in ihren materiellen Bedürfnissen, wobei die Werbung auch die geschlechtstypischen Wünsche der Kinder berücksichtigt. Ich nehme an, dass die Kinder das Klischee der Gesellschaft bestätigen. Mädchen wünschen sich Puppen, Jungs hingegen Autos.

2.1. Ablauf und Ergebnisse der ersten Untersuchung

Zum Einstieg meiner Untersuchungen werden die Kinder mit Hilfe eines Fragebogens befragt, was sie über Werbung wissen, wie kritisch sie Werbung gegenüber sind und woher sie welche Werbung kennen. Den Fragebogen habe ich im Vorhinein mit der Klassenlehrerin zusammen erstellt. Als kleine Hilfestellung habe ich zu den jeweiligen Fragen ein paar Antworthilfen bzw. – möglichkeiten vorgegeben. Die Lehrerin war außerdem so koorperativ und hat des Thema „Werbung" mit den Kindern im Deutschunterricht , kurz vor meinem Besuch, behandelt. Die Kinder haben in etwa ein gemeinsames Basiswissen zum Thema Werbung. Wobei ich die Lehrerin gebeten habe, keine persönlichen Standpunkte in ihr Unterricht einfließen zulassen , sondern nur theoretische Vorüberlegungen. Somit wollte ich eine vorzeitige Manipulation durch die Meinung der Lehrerin ausschließen.

Der folgende Fragekatalog dient als Unterstützung für das Gespräch:

- Woher kennt ihr Werbung? / Wo gibt es überall Werbung?

14

- Was glaubt ihr, warum Werbung gemacht wird?
- Stimmt das, was in der Werbung gesagt wird?
- Habt ihr einen Lieblingssender?
- Singt ihr manchmal Werbelieder nach oder könnt ihr eines auswendig?
- Spielt ihr manchmal aus der Werbung etwas nach?
- Wisst ihr, wann ein Film / eine Serie zu Ende ist und wann die Werbung anfängt? (Können Kinder zwischen Programm und Werbung unterscheiden?)
- Wann habt ihr zuletzt Werbespots im Fernsehen gesehen? Was gefällt euch an der Werbung?
- Gefällt es euch, wenn Werbung läuft oder ärgert ihr euch, wenn der Film, den ihr euch gerade anschaut, unterbrochen wird? (Ist Werbung eine Unterbrechung des Programms oder wird sie als integraler Bestandteil des Fernsehens gesehen?)

Ergebnisse der Untersuchung:

- Die Kinder kennen Werbung hauptsächlich aus dem Fernsehen (erste Nennung), aus Prospekten, Katalogen und dem Radio >> dabei gibt es in den Nennungen keinen erheblichen Unterschied zwischen den Geschlechtern
- Die Kinder wissen, dass Werbung gemacht wird, um Produkte zu verkaufen , sie bekannt zu machen und als Marke zu verinnerlichen >> auch bei dieser Frage bzw. bei den Antwortmöglichkeiten kann ich keine geschlechtlichen Unterschiede erkennen >> zu erwähnen wäre allerdings noch, dass während des Ausfüllens des Fragebogens von Seiten der Jungs häufig Fragen zu diesem Punkt kamen d.h. Manchen von ihnen war nicht sofort bewusst, warum es Werbung gibt
- Keines der befragten Kinder glaubt, dass alles stimmt, was in der Werbung gesagt wird
    - in der späteren Gesprächsrunde erkannte ich, das viele Kinder wissen, dass durch die Werbung falsche Hoffungen geweckt werden
    - erkennen konnte ich außerdem, dass Kinder, die mit bestimmten Produkten zufrieden sind (z.B. mit der Puppe...) glauben, das manche Sachen in der Werbung einfach stimmen müssen

- 4 von 12 Befragten antworteten mit einem klaren „Nein", drei davon sind Mädchen
- 5 Kinder antworteten mit „selten", sie sind also mit einigen Produkten recht zufrieden bzw. glauben an ihre Wirkung
- 3 Kinder glauben „manchmal" was in der Werbung gesagt wird, davon sind zwei Jungen > als Beispiel bzw. „Beweis" wurden hier „Süßigkeiten" und „meine Puppe" genannt

- Die Kinder schauen alle am liebsten die privaten Sender, wie RTL (an erster Stelle), Pro 7 und Sat 1 >> dies sind auch die Sender, die am meisten Werbung bringen (vgl. meinem Beispiel „Ausschnitt eines Privatsenders PRO 7")
- Zehn von zwölf Kindern singen bzw. kennen bestimmte Werbelieder oder auch Werbesprüche; das bekannteste Lied ist hierbei das von „Haribo" und anderen Süßigkeiten

  - zu erwähnen ist hierbei, dass die genannten Werbelieder oder Werbeslogans in Werbungspots, die speziell für Kinder gemacht werden, zu finden sind

- Die Kinder können gut zwischen Werbung und Film / Serie unterscheiden

  - so wissen alle, dass die Werbung meist vor und nach den Filmen gesendet wird ; fünf Kinder erwähnen auch, dass die Werbung die Filme unterbricht d.h. sie nehmen das in diesem Moment auch bewusst wahr

- alle befragten Kinder haben am Vortag das letzte Mal Werbung gesehen ; dabei machten sie Angaben zum Gefallen der Werbung

  - neun Kinder erwähnten hierbei die Musik, davon sind sechs Kinder weiblich
  - die Jungs finden einheitlich die Figuren erwähnenswert

16

- vier der sieben Mädchen erwähnten noch die „Schauspieler" bzw. „Darsteller" der Werbung

- keines der befragten Kinder findet es schön, wenn die Werbung den Film unterbricht

  - wird für bestimmt Produkte geworben bzw. kennen die Kinder die Werbung noch nicht, finden sie es nicht so „schlimm", dass der Film unterbrochen wird
  - neue Spots wecken immer wieder die Aufmerksamkeit der Kinder

Der Fragebogen und die Gesprächsrunde geben Aufschluss über die Kenntnis und das Verständnis, welches die Kinder gegenüber der Werbung aufweisen. Alle Kinder kennen Werbung und ihr Zweck, viele Kinder finden Werbung „cool" und möchten die vorgestellten Produkte auch besitzen. Das Ziel der Werbung, das Interesse der Kinder zu wecken, wurde hier eindeutig erfüllt. Es wurde während der Gesprächsrunde stark über die verschiedenen Werbespots gesprochen und diskutiert. Das und nur das möchten die Werbemacher bei den Konsumenten, speziell hier bei den Kindern, erreichen.

2.2. Ablauf und Ergebnis der zweiten Untersuchung:

Jedes Kind in der Gruppe bekommt einen Zettel, auf den es zunächst seinen Vornamen und sein Alter schreibt. Anschließend soll jedes Kind 3 bis 4 Teile, die es sich zu Weihnachten wünscht, aus den Prospekten und Katalogen mit der Spielzeugwerbung ausschneiden und auf den Zettel kleben.

Zuletzt sollen die Kinder neben die aufgeklebten Artikel schreiben, woher sie die Produkte kennen (z.B. von den Eltern, aus der Schule, von Freunden, aus der Werbung, vom Bruder / Schwester, aus dem Geschäft usw.)

Die Wörter „Geschäft", „Freunde"....stehen als Hilfe für die Schüler/innen an der Tafel.

17

<u>Ziel der Untersuchungen mit Prospektwerbung:</u>

Mit diesem Test möchte ich erkennen, welche Wirkung die Werbung auf die Wünsche und Bedürfnisse der Kinder hat. Hierbei möchte ich versuchen meine , an den Anfang gestellte Hypothese, bereits zu beweisen oder zu widerlegen. Hat die Werbung eine größere Wirkung auf die Kinder als das familiäre Umfeld bzw. der Freundeskreis oder gleicht sich das aus?? Beachten möchte ich auch das Alter der Kinder. Ich beschäftige mich hier nur mit dem jüngeren Schulalter. Die Kinder sind in diesem Alter noch stark beeinflussbar , entdecken aber auch ihre eigene Meinung kundzugeben und zu vertreten. Diese Sichtweise muss während des Tests und der Auswertung beachtet werden d.h. mit älteren Kindern würde das Ergebnis wahrscheinlich anders aussehen. Zum anderen möchte ich mit diesem Test die geschlechtsspezifischen Wünsche der Kinder erkennen d.h. ich sage , dass die typischen Geschlechterrollen auch in den Wünschen der Kinder vertreten sind und die Werbung auch genau auf diese Klischees abgestimmt ist.

<u>Ergebnis der Untersuchung (Auswertung der Wunschzettel der Kinder) :</u>

Zu Beginn möchte ich gleich bemerken, dass die Prospekte und Kataloge die Wünsche der Kinder weitgehend abdeckte. Einige Produkte entsprachen nicht der „richtigen" Firmenmarke, wie mir einige Kinder kritisch unterbreiteten. Die Kinder „übersahen" dies aber bei der Bewertung, woher sie die Produkte kennen. Bereits anhand dieser kurzen Vorbemerkung, erkennt der Leser schon in welchem Maße die Werbung die Kinder beeinflusst und manipuliert. Die Kinder achten in einem hohen Maße auf die „Marke" und daher den Bekanntheitsgrad des Produktes. Ein Kind sagte zu mir :"Wenn nicht die „richtige" Marke auf den Sachen steht, guckt sich das kein Kind an. Es ist dann einfach nicht „cool", weil es ja niemand aus dem Fernsehen kennt." Ich denke, die Aussage des Kindes belegt meine Hypothese in allen Belangen. Die Werbung bestimmt das Umfeld des Kindes. Die Zugehörigkeit zu einer Gruppe oder Clique wird über die „Marke" definiert.

18

Woher kennen die Kinder die aufgeklebten Produkte (vgl. Anhang: „Wunschzettel"
der Kinder):

Werbung	26 = 60,5%	Artikel
Eltern	6 = 14%	Artikel
Freunde	5 = 11,6%	Artikel
Geschwister	3 = 7%	Artikel
Geschäft	1 = 2.3%	Artikel
Schule	2 = 4,6%	Artikel
Gesamt	43 = 100%	Artikel

Aus der obenstehenden Tabelle kann man eindeutig erkennen, dass die Kinder ihre
gewählten Artikel zum großen Teil aus der Werbung kennen. Ihre Wünsche sind
demnach von der Werbung beeinflusst. Zu meinem Erstaunen ist es allerdings, dass
die Freunde bei der Wunschauswahl keine entscheidende Rollen spielen. Wie man
meiner Ausgangshypothese entnehmen kann, war ich der Ansicht, dass sich Kinder
in diesem Schulalter stark an ihren Freunden orientieren. Das die Eltern noch vor
den Freunden stehen, habe ich nicht erwartet. Der entscheidende Punkt bei diesem
Test ist allerdings klar bewiesen. Die Werbung bestimmt und manipuliert die
Wünsche der Kinder im jüngeren Schulalter.

Bei den aufgeklebten Produkten lassen sich geschlechtsspezifische Wünsche
erkennen:

Die Mädchen wünschen sich Puppen und Zubehör, Window-Color (Kreativ – Sets),
Bücher, Spielzeug-Haushaltsgeräte, Kuscheltiere, Videofilm, Keybord, Barbie (mit
Zubehör)

Die Jungen wünschen sich Autos, Videospiele, Game-Boy, Computer, Pokemon,
Ferngesteuerte Autos, Spiel-Werkzeug

Diese Wünsche sind traditionell verankert. Die Geschlechterrolle wird daher auch in
der Werbung beachtet. Im folgenden habe ich mich nun einmal genauer mit den
Merkmalen von Kinderwerbespots für Mädchen und für Jungen beschäftigt.

2.3. Geschlechtsspezifische Werbung:

2.3.1. Merkmale der Kinderwerbespots für Mädchen:

Die Werbespots für Mädchen sind im Gegensatz zu denen für Jungen länger geschnitten (niedrige Schnittfrequenz) und musikalisch melodiös von hohen Frauenstimmen untermalt. Im Gegensatz zu Werbespots für Jungen enthalten Mädchenwerbespots mehr Hintergrundmusik, Ein-, Aus- und Überblendungen. Bei den Farben handelt es sich meist um Pastelltöne. Häufig sind auch „Mädchenfarben" wie Pink in den Spots sehr dominant. Diese Farbgebung trägt nicht unerheblich zur Stimmung eines Spots bei. Auch die Sympathieträger, die es sowohl in Werbespots für Mädchen als auch in denen für Jungen gibt, unterscheiden sich sehr stark in den geschlechtsspezifischen Spots. Mädchen bevorzugen knuddelige Kreaturen und Geschöpfe sowie Modepuppen. Bei einer Analyse von 150 Kinderwerbespots kamen Stephen Kline und seine Kollegin Debra Pentecost 1991 zu dem Ergebnis, dass 84% der an Mädchen gerichteten Spots Puppen darstellen. Jungen dagegen werden mit einer viel größeren Spielzeugauswahl beworben. (vgl. Erlinger 1994). In den Werbespots für Mädchen werden meist Themen wie Romantik, Liebe, Schönheit, familiäre Geborgenheit und Kretivität behandelt. Bei den Produkten handelt es sich meist um Spielzeug, bei dem die Mädchen eine andere Identität annehmen müssen, um mit dem entsprechenden Spielzeug interagieren können. So müssen sich Mädchen beispielsweise in die Rolle der Hausfrau und Mutter versetzen, um die in der Werbung dargestellte Puppe zu umsorgen. Bei der Werbung für Mädchenprodukte, wie zum Beispiel Barbiepuppen, ist die Gestaltung des Umfelds, in dem das Produkt präsentiert wird, sehr entscheidend. Um Mädchen anzusprechen müssen die Räume, in denen sie die Mädchen mit den Puppen befinden, romantisch ausstaffiert sein und das gesamte Umfeld sollte Harmonie und Wärme ausstrahlen, damit es seine gewünschte Wirkung erzielt.

2.3.2. Merkmale der Kinderwerbespots für Jungen:

Ganz anders als bei Werbespots für Mädchen sind die Spots für Jungen durch rasante, schnelle Schnitte (hohe Schnittfrequenz) mit häufigen Wechseln der Kameraperspektive zwischen Realfilm (Aufnahmen der Spielaktionen der Kinder) und Zeichentrickszenen gekennzeichnet. Die Musik ist „härter", lauter und aggressiver. Häufig werden die Spots von Männern in agitierender Weise gesprochen, die noch zusätzlich durch Sound-Effekte oder Geräuscheffekte unterstützt wird (z.b. Werbespot:"Action Man, der größte Held in deiner Welt"). Bei der farbigen Gestaltung der Spots handelt es sich meist um eine dunklere Kolorierung mit klar abgegrenzten Linien und starken Kontrasten. Bei den vorgestellten Handlungen dominieren meist Abenteuer, sowie Kampf und Gewalt, in denen das Gute am Ende jedoch siegt (vgl. Meister/Sander 1997, S.183-185). Betrachtet man die sprachliche Ebene der Werbespots, stellt man fest, dass die an Jungen gerichteten Spots, häufig das Gefühl von Macht, Kontrolle und Dominanz vermitteln; z.b. „in meiner Welt bestimme ich...", „du bestimmst die Attraktionen...", „du bist der Manager...", „mit diesen Bausteinen bestimmst du, was abgeht..." und „ein echtes Abenteuer, das ist nichts für Warmduscher" solche und ähnliche Aussagen stehen meist im Mittelpunkt der Spots. Anders als Mädchen identifizieren sich Jungen direkt mit dem Spielzeug. Sie müssen sich nicht erst in eine andere Rolle hineinversetzen. Sie wechseln in eine Phantasiewelt über uns erleben dort stellvertretend die Abenteuer ihrer dargestellten Helden (vgl. Erlinger 1994, S.142).

Während meiner Untersuchungen, konnte ich beobachten, dass Mädchen die typischen Jungenspots, wie „Action-Man" kategorisch ablehnten. Die Jungen dagegen konnten sich kaum für Werbespots, die für „Barbie" etc. werben, begeistern. Die Reaktionen der Kinder auf die mit Rollenklischees behaftete Werbung sind demnach meist ebenso stereotyp wie die Werbespots selbst.

Um den Bezug zu meiner Ausgangsfrage zu nehmen, lässt sich hier eine eindeutige Manipulation der Kinder durch die Werbung erkennen. Durch die Klischeebehafteten Spots werden die Kinder sofort in eine Rolle gedrängt, die ihnen die Werbung vorlebt. Die Kinder sind in ihren Lebensentfaltungen stark eingeschränkt. Das macht

sich zum einen durch die Wahl des Spielzeuges während des Hortaufenthalts deutlich, zum anderen auch durch Aussagen, wie „Du bist ein Mädchen und kannst kein „Action-Held" sein!". Solche und ähnliche Beobachtungen konnte ich während meines Besuches machen. Hier möchte ich nun den Bezug zur Schule nehmen. Die Kinder verbringen die meiste Zeit ihres Tages in der Schule und genau dies müssen sich die Pädagogen zu nutze machen. Im letzten Abschnitt meiner Ausarbeitung zum Thema, möchte ich die Rolle der Schule näher betrachten. Beziehen möchte ich mich dabei „nur" auf die Grundschule.

3.) Pädagogischer Bezug zum Thema – Werbung in der Schule –

3.1. Das Thema „Werbung" in brandenburgischen Lehrplänen

Zu Beginn nehme ich Bezug zu den gültigen Lehrplänen. Es ist auf den ersten Blick zu erkennen das Werbeerziehung für die Grundschule kein herausragender Themen- und Lernbereich ist. Sichtet man jedoch die Einzellehrpläne zu den verschiedenen Unterrichtsfächern, kann man nahezu in jedem Fach Unterrichtsgegenstände oder Empfehlungen zur Unterrichtsgestaltung entdecken, mit denen sich das Thema Werbung verbinden lässt. In einigen Fällen, insbesondere bei der Differenzierung von Groblernzielen, wird Werbung gar explizit als Beispiel erwähnt.

Insbesondere das Fach „Kunst" bietet die Möglichkeit auf Werbung und Konsum einzugehen. Im „Gegenstandsbereich Medien" wird explizit auf Werbung hingewiesen, jedoch fehlen nähere inhaltliche Ausführungen und didaktische Hinweise zur Behandlung des Themas. Bei der Beschreibung der kindlichen „Erfahrungsfelder", die im Kunstunterricht aufgegriffen werden sollen, findet sich außerdem der Begriff „Konsum". Er wird mit folgenden Stichwörtern ausgeführt: „Informieren, Kaufen, Werbung, Verbrauchen, Tauschen, Bestellen, Schenken, Genießen, Verschwenden, Borgen, Haushalten, Verzichten, Sparen, Müll, Wiederverwertung." Leider fehlen auch hier Hinweise zur praktischen Umsetzung.

Im Fach Sachunterricht und Deutsch wird beispielsweise angeregt, sich im Sachunterricht der zweiten Klasse mit dem „Erfahrungsbereich: Gesunde Ernährung" handelnd auseinander – zusetzen und dabei „Plakate und Packungen auf Werbung und Nahrungsmittel" zu überprüfen. In der dritten Klasse soll im „Lernfeld 2: Gestalten einer gesunden Lebensweise" auch auf das Fernsehverhalten der Kinder eingegangen werden, damit diese die „Möglichkeiten ausgewogener Freizeitgestaltung untersuchen und nutzen" lernen. Medien und ihre Spezifika werden nochmals im Lehrplan zum Deutschunterricht aufgegriffen, wobei der Begriff „Werbung" explizit im Zusammenhang mit der „Verwendung sprachlicher und nicht – sprachlicher Zeichen in der Umwelt" und der Analyse deren unterschiedlicher Wirkung auftaucht.

Werbung kann also von den Lehrkräften in nahezu allen Fächern des grundlegenden Unterrichts aufgegriffen werden, wobei eine kritisch – analytische Auseinandersetzung mit Werbung und Konsum ebenso möglich ist wie eine praktisch – tätige. Die erwähnten Sachbereiche bieten sich allerdings nur als Anlass für einen Werbeunterricht an, sie fordern ihn nicht ein. Dies bedeutet, dass der Lehrplan die Werbe – und Konsumentenerziehung in das Belieben der Lehrkräfte stellt. - „Gegenwärtig sind die Motivation der individuellen Lehrkraft, ihre pädagogischen Ziele sowie ihre Problemsicht ausschlaggebend dafür, ob Werbung zum unterrichtsrelevanten Stoff und dieser mit den Kindern erarbeitet wird. Weder die Lehrpläne noch die Literatur zur Grundschulpädagogik geben Hinweise darauf, von welcher praktischen Relevanz die Werbeerziehung bei den Lehrkräften ist und welchen Stellenwert sie in der Grundschule im allgemeinen hat." (Deutsches Jugendinstitut: Werbepädagogik in der Grundschule, S.60).

3.2. Ansätze und Gründe für die Relevanz von „Werbeerziehung" in der Grundschule

Kinder, als Konsumenten, sollten in der Schule auf die Werbung vorbereitet werden. So ist es wichtig, dass die Kinder die Ziele von Werbung genau kennen d.h. die Werbemacher verfolgen lediglich Verkaufsabsichten. Außerdem ist es für kleine Kinder besonders schwer die Werbung vom eigentlichen Programm zu

unterscheiden. Wichtig für die Kinder zu wissen ist auch wer die Werbung in Auftrag gibt, wer sie produziert und warum die Fernsehsender sie ausstrahlen. Die Werbung muss aus der Macherperspektive transparent gemacht werden. Dies sind nur einige, von mir zusammengetragene, Gründe für die Relevanz von Werbeerziehung in der Grundschule.

Will man als Lehrkraft das Thema „Werbung" konkretisieren, sollten folgende Aspekte beachtet werden:

- Die Kinder entscheiden meist in der Familie was gekauft wird d.h. die Eltern richten sich häufig beim Einkauf nach den Wünschen der Kinder
- Die Freizeit der Kinder ist vom Konsum geprägt d.h. Freizeit ist Konsumzeit und Werbung ist Freizeit
- Die Werbung ist ein wichtiger Teil der Kinder – und Jugendkultur und damit ihrer Erlebniswelten geworden, sie transportiert Lebensstile- und gefühle. Viele Kinderstars, sogenannte Idole, werden von den Werbemachern für die Spots eingesetzt und setzen so bei den Kindern Trends und Wünsche.
- Auch Kinder, die nicht viel von Werbung halten, unterliegen in ihrem Freundeskreis einem gewissen Markendrang, besonders bei der Kleidung. Kinder finden über die Zugehörigkeit zu Gruppen ihre Identität.

Wichtig ist es als Lehrkraft die Werbung nicht nur zu kritisieren. So trifft man schnell auf Unverständnis bei den Kindern. Viele Kinder haben Spaß an den „bunten Bildern". Unterricht zur Werbung sollte deshalb spielerisch mit dem Thema umgehen, Kindern Raum und Zeit geben über ihre Erfahrungen und Wissen zu sprechen. Die praktische Arbeit, wie basteln, singen, malen, Spots nachspielen, analysieren etc. würde ich in den Mittelpunkt der pädagogischen Arbeit stellen. Eine weitere Möglichkeit ist es die Werbung aus der Sicht der Macher transparent zu machen. Schüler erfahren wie Werbekampagnen entstehen, welche Ziele und Strategien Werbemacher haben, wie diese Ziele in Spots umgesetzt werden. Die Kinder müssen lernen, das Phänomen „Werbung" gezielt für ihre Lern- und Unterhaltungsbedürfnisse zu nutzen und ihnen auch kritisch zu begegnen. Nur so

sind sie befähigt zu beurteilen, inwieweit sie von der Werbung in ihren Wünschen und Bedürfnissen beeinflusst , ja sogar manipuliert werden können.

4.) Mein persönliches Fazit:

Am Ende meiner Ausarbeitung möchte ich zunächst etwas zu den Untersuchungen an der Grundschule anmerken. Die Arbeit mit den Kindern hat mir sehr viel Spaß bereitet. Es war interessant etwas selbst von den Kindern über das Thema Werbung zu erfahren und nicht nur aus literarischen Quellen zu erörtern. Die Kinder waren sehr interessiert und aufgeschlossen. So habe ich besonders während den Gesprächen mehr erfahren, als ich erwartet habe. Trotzdem möchte ich anmerken, dass es mir nicht wichtig war, bereits existierende statistische Werte zu belegen, sondern nur die persönliche Meinung und Antworten der Kinder auszuwerten.

Mein großes Ziel, die zu Beginn aufgestellte Hypothese zu wiederlegen oder zu beweisen, stand im Vordergrund der Untersuchungen. So ist es mir auch gelungen aufzuzeigen, dass die Kinder im jüngeren Schulalter sehr stark in ihren Wünschen und Verhalten von der Werbung beeinflusst werden. Allerdings sollte bedacht werden, dass die Anzahl der Probanden für eine wissenschaftlich fundierte Aussage sicherlich zu gering ist. Wie aber schon erwähnt war es mir nicht wichtig wissenschaftliche Forschungsergebnisse zu beweisen, sondern das subjektive Empfinden der Kinder auszuwerten.

Das Thema der Werbung ist ein sehr interessantes und viel erforschtes Thema. Es gibt fast zu jeder Frage, die sich zu dem Thema stellt, eine statistische Erhebung. Allerdings habe ich während meiner Recherchen kaum den pädagogischen Bezug zum Thema erkannt. Medienerziehung, als Unterrichtsfach, spielt im Bildungssystem keine Rolle. Wobei ich auch der Meinung bin, dass das Thema integrativ behandelt werden sollte. Die unbestreitbaren fachimmanenten wie fächerverbindenden Aspekte der Medienerziehung kommen wesentlich besser zum Tragen, wenn sie als Unterrichtsprinzip möglichst vieler Fächer verstanden und verwirklicht werden. „Aus der Summe der spezifischen Fächerbeiträge zur Medienerziehung würde mehr

erwachsen, als ein separates Fach zu leisten imstande ist" (LISA – Zeitung 2001, 4). Leider findet die Lehrkraft in den Rahmenplänen keine Hinweise oder Unterstützung dazu. Der Lehrer ist auf sich allein gestellt und sollte , meiner Meinung nach, auch den Schritt wagen, sich integrativ mit dem Thema „ Werbung" zu befassen. Wichtig finde ich es hierbei, dass der Lehrer seine ablehnende , subjektive Meinung zum Thema ablegt um einen offenen, objektiven Unterricht zu halten.

Demnach habe auch ich versucht, die Beschreibungen und Merkmale, der Untersuchungen und Werbespots möglichst wertfrei zusammenzufassen, da es aus pädagogischer, wirtschaftlicher und auch gesellschaftlicher Perspektive sehr unterschiedliche und meiner Meinung nach auch sehr subjektive Stellungnahmen zu diesem Thema gibt. So wird die Barbiepuppe von den Herstellern als Spielzeug gesehen, das die Mädchen zu Kreativität und Phantasie im freien Spiel anregt. Pädagogen dagegen halten die Barbiepuppe für ein Produkt, bei dem die Handlungsmöglichkeiten vom Hersteller genau vorgegeben sind und das keine kreative Eigenleistung von den Kindern erfordert.

Zusammenfassend denke ich, das Medienerziehung in der Grundschule, speziell „Werbung" ein Unterrichtsthema ist, dass in nahezu allen Fächern angesprochen werden kann und muss. Die Kinder müssen die Chance haben, die Werbung mehrperspektivisch zu betrachten und zu begreifen. Nur so haben die Kinder und auch die Lehrer die Möglichkeit das Phänomen „Werbung" zu entmythologisieren.

Literaturverzeichnis:

Susanne Vieser: Slogans Spots und Strategien. München, 1997.

Bill Krüsmann: Kinder und Medien. Essen, 1998.

Erlinger, Hans Dieter: Kinder und (Fernseh-) Werbung. Eine Literaturstudie von Prof. Dr. Hans Dieter Erlinger. Hrg. Vom Verband Privater Rundfunk und Telekommunikation e.V. Siegen: Böschen 1997.

Erlinger, Hans Dieter (Hrsg.): Kinder – Fernsehen und Markt. Berlin, 1994.

Lange, Rainer / Didszuweit, J.Rainer: Kinder, Werbung und Konsum. Theoretische Grundlagen und didaktische Anregungen. Frankfurt am Main: Jünger 1997.

Meister Dorothee M. / Sander Uwe (Hrsg.): Kinderalltag und Werbung. Zwischen Manipulation und Faszination. Neuwied; Kriftel; Berlin: Luchterhand 1997.

Deutsches Jugendinstitut(Hrsg.): Werbepädagogik in der Grundschule. Opladen: Leske und Budrich, 1997.

Ministerium für Bildung, Jugend und Sport: Rahmenpläne des Landes Brandenburg

Fragenkatalog:

1.) Woher kennt ihr Werbung? / Wo gibt es überall Werbung?

(z.B. Kino, Fernsehen, Radio, Prospekte....)

2.) Was glaubt ihr warum Werbung gemacht wird?

(z.B. um neue Sachen vorzustellen, sie zu verkaufen....)

3.) Stimmt das, was in der Werbung gesagt wird?

(immer, manchmal, selten, nie...)

4.) Habt ihr einen Lieblingssender? Wie heißt er?

5.) Singt ihr manchmal Werbelieder nach oder könnt eines auswendig?

(Welches Produkt wird mit dem Lied vorgestellt?)

6.) Wisst ihr wann ein Film zu Ende ist und wann die Werbung anfängt?

7.) Wann habt ihr zuletzt Werbung im Fernsehen angeschaut? Was gefällt euch an der Werbung? (Musik, Figuren, Text...)

8.) Gefällt es euch, wenn Werbung läuft oder ärgert es euch, wenn der Film, den ihr euch gerade anschaut, unterbrochen wird?

Lightning Source UK Ltd.
Milton Keynes UK
UKHW041923191218
334262UK00001B/132/P